Contraste insuffisant
NF Z 43-120-14

Illisibilité partielle

Valable pour tout ou partie
du document reproduit

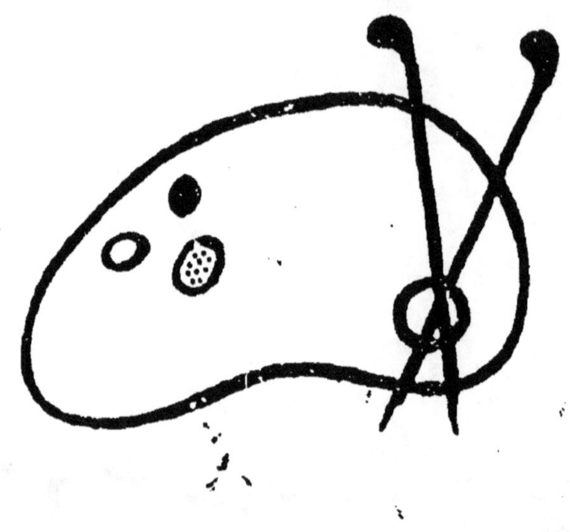

Original en couleur

NF Z 43-120-8

VINGT-NEUF

CHARTES ORIGINALES

CONCERNANT

L'ABBAYE DE CHAALIS

(1155-1299)

PAR

M. L'Abbé E. MULLER, Chan.

SENLIS
IMPRIMERIE EUGÈNE DUFRESNE
4, RUE DU PUITS TIPHAINE, 4
M·DCCC·XCII

M. L'Abbé E. MULLER, Chan.

29 CHARTES ORIGINALES

CONCERNANT

L'ABBAYE DE CHAALIS

(1155-1299)

VINGT-NEUF

CHARTES ORIGINALES

CONCERNANT

L'ABBAYE DE CHAALIS

(1155-1299)

PAR

M. L'Abbé E. MULLER, Chan.

(Extrait du Bulletin du Comité Archéologique de Senlis).

SENLIS
IMPRIMERIE EUGÈNE DUFRESNE
4, RUE DU PUITS TIPHAINE, 4
M·DCCC·XCII

VINGT-NEUF

CHARTES ORIGINALES

CONCERNANT L'ABBAYE DE CHAALIS

DE 1155 à 1299.

Une liasse de chartes des XIIe et XIIIe Siècles provenant des archives de la célèbre abbaye de Chaalis, m'a été très charitablement communiquée par M. P. Guibourg. J'ai cru qu'une description sommaire de ces documents ne serait point sans intérêt pour les esprits curieux qui s'occupent de nos antiquités. Outre que ces chartes offrent aux paléographes un thème nouveau de remarques et aux généalogistes des noms illustres de nos pays, elles ont gardé presque toutes des Sceaux pendants dont plus d'un est inédit; c'est ainsi que je m'exprimai au Congrès des Sociétés Savantes de l'année 1890.

M. E. Desjardins, chargé par le *Comité des travaux historiques* d'apprécier mon humble communication, a bien voulu donner à ces jugements le visa de sa très haute compétence.

I. — 1155 environ.

Vers 1155, charte par laquelle Eudes, abbé de Saint-Denis, cède à l'abbaye de Chaalis, certaines terres appartenant au prieuré de Moyvillers,[1] aujourd'hui canton d'Estrées-St-Denis.

Voici le texte de cette charte dont le parchemin ne mesure

---

[1] Voir Afforty T. XVII p. 227 et 498: Charte de Philippe le Bel donnée en Juillet 1304, « *apud medianam villam* » en faveur de l'Eglise de Senlis.

pas plus de 12 millimètres de hauteur sur autant de largeur.

« IN NOMINE PATRIS & FILII ET SPC SCI. AMEN.
« Notum sit presentibus et futuris quod ego. O. eccle-
« sie beati dyonisii abbas communi capituli nostri assensu et
« consilio ecclesie Karolilecti et fratribus eiusdem quasdam ter-
« ras nostras ad preposituram mediani villare pertinentes, ad
« excolendum tradidimus. Salvo tamen jure et dominio ecclesie
« nostre. S. Odonis abbatis. S. Herberti prioris. S. Philippi pre-
« positi. S. Girardi. S. Stephani. S. Iohannis. S. Stephani. S.
« Lamberti. S. Godefredi precentoris. »

Sceau pendant avec lanière de cuir : Un évêque assis, mitré, vêtu d'une longue chasuble, reposant la main gauche sur un livre, tenant de l'autre une crosse, avec cette légende : ☩ SIGILLVM SANCTI DYONISII ARCHIEPISCOPI,[1] le tout couvert d'une couche de peinture noirâtre[2] qui s'écaille.

II. — 1164.

Chirographe par lequel Barthélemy de Montcornet, évêque de Beauvais, approuve, entr'autres transactions, la donation que Philippe de Choisy « de Sosiaco »[3] fait au monastère de Notre-Dame de Chaalis, d'une parcelle de la forêt « dite Fai »[4] à défricher « ad rumpendum, » assez grande pour que l'on y puisse semer quatorze muids de froment à la mesure de Compiègne, à la charge d'acquitter chaque année à la grange du « Trembloi »[5]

---

[1] Voir *Collection des Sceaux des Archives* de Douet d'Arc n°° 2370 et 8524 et le *Costume d'après les sceaux* de Demay p. 56.

[2] C'était un des procédés que l'on employait pour protéger les Sceaux.

[3] « De Soisi » Choisy-la-Victoire, canton de Clermont. Philippe de Choisy apparait dans plus d'une charte de 1160. où il est qualifié « de S. Samson, » de 1162, 1163, 1164, 1166, 1171, 1175 et 1202. Voir Afforty T. XIV p. 171, 260, 315, 335, 339, 385, 464, 474 et 534 et infrà III.IV etc. Le P. Labbe a édité dans sa *Bibliotheca nova* T. II p. 646 une lettre d'Amaury, évêque de Senlis, vers 1155, en faveur d'un « Seigneur Barthélemy, prisonnier du roi, » lequel s'engage, selon un usage assez fréquent, à prendre la croix pour expier ses rapines. C'est un Philippe qui doit présenter au roi la lettre et le coupable ; un Hugues de Vilers servira de caution ; Barthélemy est « leur frère. »

[4] De *faia, fagus*. L'on trouve encore aujourd'hui entre Choisy et Estrées-St-Denis les « Bois de Chaaly. »

[5] Ou « Culture de Georges » Afforty T. XIV p. 161 vers l'an 1160,

une redevance de six muids et huit mines de grain « annone », mi-froment, mi-avoine etc.

Ce fut fait du consentement d'Aveline, femme de Philippe, d'Eudes, Ansout, Jean, Payen, Symon et Pierre, leurs fils, d'Eufémie, Ameline et Gile, leurs filles, de More, femme d'Eudes et de Gui et Raoul, leurs enfants.

Témoins : Amaury, évêque de Senlis ; Simon, doyen de Pont ; Guy, prêtre [curé] de Choisy : Eudes Percebot [1] ; Pierre, chevalier de Choisy ; Robert de Vilers [2] et Robert de Pont, prévôts du roi ; Baudouin, prévôt de Pont ; Eudes, fils de David, de Senlis ; Gauthier, fils de Rotrot ; [3] Evrard de Maimbeville, prêtre ; Hugues, mari d'Euphémie ; Godefroid, chevalier, de Nointel, [4] etc.

Fort belle écriture ; traits fins ; abréviations assez rares ; ponctuation soignée. [5] La légende partagée est *Cyrographum*. Hauteur 0,57 m. ; largeur 0,27 m.

Ce chirographe a gardé son sceau pendant de 74 mill. sur 50 ; ogival, de cire rouge, lequel représente un évêque vu de face, debout, vêtu d'une aube, d'une longue tunique ou dalmatique à bordure orfrcisée et d'une chasuble antique, allégée par devant et ornée de galons, mitré, tenant une crosse très simple de la main gauche et bénissant de l'autre. La légende est : ✚ SIGIL-LUM BARTOLOMEI BELVACENSIS EPISCOPI [6]

III. — 1164.

Chirographe par lequel le même Barthélemy confirme la do-

---

aujourd'hui Tranloy. L'on trouvera aussi ces orthographes : « de tranleto, transloy (1164); translelum (1280) etc. » Afforty T. XIX, p. 633 : Déclaration des terres du Trembloy et de Froleres, origines de la possession.

[1] Probablement l'Eudes Percebot qui a fondé en 1140, avec Gui, le prieuré de Ste-Maxence à Pont. Voir *Monographie des rues de Senlis*.

[2] Villers-sous-Erquéry, canton de Clermont.

[3] Valiotru ou Valrotru, lieu dit près Senlis.

[4] « de Noatel » canton de Liancourt.

[5] L'i reçoit un accent quand il existe quelque danger de confusion ; fréquent à cette époque. ∴ égale une virgule.

[6] Voir la collection des *Sceaux des Archives* par Douet-D'arcq n° 6509 où : « Sceau de Barthélemy, ogival, de 62 mill. avec la légende tronquée : SIGILL.. ACENSIS EPISCOPI, année 1165 et Afforty XIV, p. 256 et 334 année 1164 ; 371 et 385 année 1164, et 534 année 1176. Ce sceau, remarque M. Demay, est l'un des plus anciens.

nation que Simon de « Oencourt »[1] fait à Chaalis de deux cultures qu'il avait à Oencourt[2] à la charge d'acquitter à la grange du Tranloy « de Tranleto » etc.

Cette donation est approuvée par More, nièce de Symon [et femme d'Eudes de Choisy] ; Hugues d'Annel « de Ancilo »[3] son fils ; Eudes, son mari ; Guy et Raoul, leurs fils et Aveline, leur fille. Quant au fief de Thomas Escornard.....[4]

Ce fut fait, dit Barthélémy, en notre présence et en celle du seigneur évêque de Senlis. Les témoins sont Thomas, prêtre de Saci ;[5] Rainard prêtre de Berron ;[6] Philippe de Saint-Samson ;[7] Henmard de Saint-Vincent ;[8] Droard d'Airion « Arion ; » frère Guarinbold, etc.

La légende partagée du chirographe est : SANCTI SPIRITVS

Le tableau suivant aidera à retrouver dans la collection Afforty (Bibliothèque municipale de Senlis) la copie de ces chartes.

III.	—	T. XIV	p. 322.	XXI.	— T. XVI	p. 236.
VII.	—	« XV	p. 45.	XXII.	— « XVI	p. 249.
XV.	—	« XVI	p. 27.	XXIII.	— « XVI	p. 325, 327.
XVI.	—	« XIV « XVI	p. 335, 385. p. 81.	XXIV.	— « XVI	p. 351, 353.
				XXV.	— « XVI	p. 353.
XVII.	—	« XVI	p. 155, 410.	XXVII.	— « XVI	p. 623.
XVIII.	—	« XVI	p. 251.	XXVIII.	— « XVI	p. 626.
XIX.	—	« XVI	p. 250.	XXIX.	— « XVI	p. 826.
XX.	—	« XVI	p. 247.			

[1] Est-ce Simon de Choisy ou de S. Samson ?

[2] La Motte d'Ancourt, hameau à l'est de Froyères, dépendance de Choisy-la-Victoire.

[3] Probablement Annel, Anneel, Anniaus, Agniaux « apud anellos 1180, » hameau dépendant de Longueil-sous-Thourotte, canton de Ribécourt.

[4] Escornard, qui écorne ou diminue.

[5] Sacy-le-Petit, canton de Liancourt.

[6] Bérogne, Béronne. Berronne, hameau au N-E de Warty près des sources de la Béronnelle, chef-lieu d'une seigneurie importante qui rappelle Renaud de Berogne (1201) lequel prit la croix, Robert, Philippe son fils, Renaud bailli du roi (1238), Renaud évêque de Senlis (1308), Guillaume (1332), Jean écuyer (1352), Agnès, sa fille (1363) etc. etc.

[7] De Choisy. Dans une charte de Raoul de Clermont, datée de 1171, le comte cite parmi les témoins : « Symon frater meus, Symon de Sancto « Samsone, Carpentarius frater ejus, Odo, Iohannes et Ansoldus, « filii Philippi de Soisi, Symon et Bartholomeus, filii Symonis. »

[8] Famille peut-être Senlisienne. Voir *Monographie* etc.

ADSIT NOBIS GRATIA [1]; mêmes caractères paléographiques qu'au chirographe précédent.

Cette charte possède encore ses deux sceaux pendants. Le premier (à gauche du lecteur) a été décrit déjà à II. Le second, qui est celui d'Amaury, évêque de Senlis, ovale, de 6 centimètres représente un évêque vêtu d'une aube, d'une dalmatique ornée de perlettes, sans étole, assis sur un pliant, vu de face, mitré, crossé et bénissant, comme on le voit appendu à une charte de 1157, en faveur de l'abbaye du Val. Autour : ✠ SIGILL': AMALRICI SILVANECTENSIS EPI.[2] (Voir Pl. fig. 1).

IV. — 1202.

Charte par laquelle Philippe, évêque de Beauvais,[3] confirme la vente que Gui de Choisy fait, en présence d'Eudes, son père, et d'Eudes, son frère, à l'abbaye de Chaalis de deux muids de blé, etc. L'évêque avait dépêché son doyen de Bailleul « de Baillolio »[4] pour recevoir le consentement des absents, de Marie, femme de Gui ; Philippe, Pierre et Hodierne, leurs enfants ; Maure, sa femme ; Simon et Ansout, ses frères.

Sceau de Philippe de Dreux, 75 mill. sur 50 ; un évêque vu de face, debout, mitré et crossé, bénissant, avec cette légende : ✠ SIGILLUM PHILIPI BELVACENSIS EPISCOPI. Contre-sceau illisible.[5]

---

[1] Le mot *chyrographum* est remplacé dans une charte de l'évêque Barthélemy, en 1160, par AMODO : ERIS : HIC (Afforty T. XIV. p. 258.)

[2] Voir Douet d'Arcq n° 684 et Afforty T. XIV, p. 334, année 1164 ; 394, 398 et 381, année 1166, où : l'évêque est représenté la main droite (?) posée sur la poitrine ; 384 année... « ce scel est différent de celuy de 1166. »

[3] C'est Philippe de Dreux qui est assez connu pour ses actions militaires et son tempérament belliqueux.

[4] Bailleul-le-Soc, près d'Estrées-St-Denis, canton de Clermont, « pays » dit M. Bordier « de la mère de Philippe de Beaumanoir, fille du petit « seigneur de l'endroit. »

[5] Douet d'Arcq signale deux Sceaux de Philippe de Dreux n° 6510. Sceau de 60 mill. « On n'y distingue plus qu'une partie d'un personnage « assis et vu de profil... CENSIS, en 1178 : — n° 6511. Sceau de 65 mill. « personnage debout, vu de face, mitré, crossé avec cette légende : « SIGILLVM PHILIPI BELVACENSIS EPISCOPI. Au contre-sceau, « une pierre gravée montre un homme nu, sautant sur un cheval à « gauche, sans légende. « Février 1201. »

V. — 1202.

Charte de Baudouin, abbé d'Ourscamp,[1] et de Salicie, abbé de Froidmont, « Fresmont »[2] arbitres, à la demande du comte de Clermont, entre l'abbaye de Chaalis et Rorgon de Francières.[3]

Cette charte de 0 m. 13 de large sur 0 m. 07 de haut, porte encore les sceaux pendants des deux abbés : sceaux ronds et petits ; un bras tenant à senestre une crosse simple et recourbée avec ces légendes : ✠ SIGIL ▥▥ ABBATIS VRSICAMPEN-SIS ; ✠ SIGILL ABBATIS ▥▥ESMONT,[4] représentation qui rappelle certaines pierres tombales d'abbés.

VI. — 1202.

Charte par laquelle L[ouis], comte de Blois et de Clermont[5] confirme l'arbitrage supra V. Louis confirme en outre, à la suite

---

[1] Abbaye célèbre dont il reste des morceaux très remarquables à deux lieues de Noyon (1129). Baudouin, IX⁰ abbé, a gouverné l'abbaye de 1195 à 1217 au moins. Actes de lui nombreux. Sceau. etc. Voir *Hist. de l'Abbaye d'Ourscamp* par Peigné-Delacourt.

[2] « Fresmont, » Froidmont, auparavant S⁰ Marie de Trie, abbaye cister-cienne fondée en 1134 par Alis de Bulles et ses fils Lancelin et Manassés, sur le territoire de Hermes. Sur l'abbé Salicie (1193-1207), Louis, comte de Blois et de Clermont, Helinand qui brillait alors etc. voir *Notice sur l'Abbaye de Froidmond* par l'abbé Deladreue, dans les *Mémoires de la Société Académ. de Beauvais* T. VII etc.

[3] « De Franseriis, » Francières, canton d'Estrées-St-Denis. L'on ren-contrera dans ces chartes, dans l'Hist. d'Ourscamp et dans Bordier : *Philippe de Beaumanoir*; ces Francières : En 1160, Symon de... bienfai-teur de Chaalis, suprà — Renaud. — En 1167, Raoul et Yves. — En 1202, Jean de... chevalier qui a pour sœurs Odeline de Remin et Béatrice d'Estrées. — Rogon, son fils etc.

Quant à Rogon de..., il investit l'église d'Ourscamp d'une portion des bois de *Fresniaux* que Jean de Montmartin, son père, avait donnée etc.

Il exista jadis à Francières, disent Louvet (T. I p. 6 et 130), Graves etc. un château célèbre de Foisselles ou Foyelles et un prieuré de S. Michel.

[4] Afforty cite T. XIV p. 154 à la date de 1154 un sceau d'Ourscamp avec cette légende (?) ✠ SIGILLUM ABBATIS URSICAMPI. — Douet d'Arcq nᵒˢ 8731 et 8732 donne aux dates de 1207 et 1225 le sceau de Henri de Froidmont, « type abbatial à mi-corps : ✠ SIGILLVM ABBATIS DE FRESMONT. »

[5] Galeran ou Valeran III, Seigneur de Breteuil, se maria à Alix ou Aalis de Dreux. Leur fille aînée et héritière Alix porta à Raoul le comté

de ses prédécesseurs, les comtes Everard, Galeran et Raoul, les acquisitions que l'abbaye de Chaalis a faites à etc. Il est fait mention dans cet instrument de la *culture des cuillerées* « de coclearibus, » de la terre de falsabrin, de Valrame.[1] Donné à Breteuil.

Cette charte de 0.22 de haut, sur 0.13 de large soutient à une lanière de cuir le sceau équestre du comte. Il représente un cavalier lançant son cheval au galop et tenant l'épée haut.[2]

Légende : ✠ SIGILL'. LUDOVICI COMITIS BLES' ET CLARIMONT'.

Louis qui confirme cette charte mourut, on le sait, à la bataille d'Andrinople, le 15 avril 1205.

VII.

Charte du précédent par laquelle lui, sa femme Cateline et leurs enfants, Raoul, Jean et Jeanne, confirment la donation qu'Eudes, prévôt « de Estréis[3] en Biauesins[4] » fait de deux muids de blé etc., au monastère de Chaalis, du consentement de Berte, sa femme, de Philippe, Rogon, Pierre Clerc, Clément, Arnoul, Raoul, ses fils, et Roscia, Pétronille, Aalis et Agnès, ses filles.

Il est fait mention dans ce document de la terre de Henri le Breton.[5]

---

de Clermont.

Raoul. — Voir en Afforty T. XIV p. 315, 464. 671 et 897 la charte de Raoul comte de Clermont, 1er du nom, connétable de France, par laquelle lui, son frère Symon et sa sœur Marguerite approuvent les donations faites à Chaalis par Symon d'Oencourt, Thomas Escornard, Philippe de Choisy ; charte du même terminant une contestation entre l'abbaye de Chaalis et Ebroin, fils de Thomas d'Estrées en 1171. « Le sceau « représente un cavalier armé de toutes pièces, tenant l'épée élevée « de la droite et son bouclier de la gauche. RADVLFVS COMES « CLAROMONTIS sans contrescel. Le bouclier chargé de 8 fasces. »

Louis dont nous avons ici une charte, avait épousé Catherine ou Cateline, l'une des deux filles de Raoul.

[1] Valrame est-il Vaulerant.?

[2] *Invent. des Sceaux*, n° 956 année 1201.

[3] Estrées-St-Denis est ainsi appelé à cause de sa situation sur la grande voie et du patron du lieu.

[4] En Beauvaisis.

[5] Henri le Breton rappelle Guillaume le Breton, chanoine de Senlis et auteur de la *Philippéide*.

Charte de même dimension et même sceau que supra.

VIII. — 1225.

Transaction due à l'arbitrage du chancelier Guérin, entre la commune de Senlis et le chapitre de Saint-Rieul, au sujet de la justice de Villevert « Villa viridis » et de la foire du jeudi absolut.

Charte de 0 m. 40 de large sur 0 m. 37 de hauteur. Très belle écriture. Le Cartulaire enchaîné de l'Hôtel-de-Ville de Senlis contient une copie de cette charte et la traduction qui en a été faite en « roumanz » à la fin du XIIIᵉ Siècle.

Elle débute ainsi : « Garinus dei gratia Silvanectensis eccle-
« sie minister humilis, Francie cancellarius, Universis ad
« quos littere presentes pervenerunt, Salutem in Domino. No-
« verint universi etc. » La commune aura dans les demeures
« des hôtes de Saint-Rieul, le sang [la haute justice ou droit du
« glaive], le ban [l'amende], la punition des larrons, l'abatte-
« ment des maisons, si des forfaits exigent cette destruction;
« les plaids [ou droits] de chaptel et la taille. Les chanoines
« de Saint-Rieul, eux, auront les plaids dans le bourg clos [cité]
« depuis le fonds de terre jusqu'aux gages de duel [ou de ba-
« taille], mais le duel aura lieu dans la cour des jurés. Les
« chanoines abandonneront à la commune la foire qu'ils avaient
« dans la cité le jeudi qui précède Pâques. La commune pourra
« installer des pelletiers, et des drapiers, et des bouchers, et
« des cordonniers dans la rue qui avoisine le cimetière Saint-
« Rieul. Elle acquittera en faveur des chanoines susdits, dans
« l'octave de la Saint-Jean-Baptiste, six livres parisis, plus
« 40 parisis pour faire l'anniversaire de Philippe, roi de France,
« de bonne mémoire, sous peine d'excommunication. »

L'un des deux sceaux pendants qui est demeuré à peu près suspendu à des fils de soie rouge et vert, représente un évêque debout, vu de face, portant la crosse de la main gauche [1] et,

---

[1] Etudier les détails du costume : aube, dalmatique ouverte sur les côtés, amict à collet, chasuble pendante, mitre en pointe, crosse tournée en dedans et ornée d'un nœud et d'un fleuron trilobé à l'extrémité de la volute. Les sceaux, on l'a maintes fois redit, sont une source de documents certains pour l'histoire du costume.

bénissant à la grecque, avec cette légende : ☩ SIGILL'
[GARINI] DEI GRA SILVANECTENSIS EPI. Le contrescel est une fleur de lys sans légende.[1]

Le sceau qui manque était celui de Galeran.

Les signataires de la charte sont Raoul le Bouteiller de
Senlis, seigneur par moitié de Luzarches ; Barthélemy [de
Roye] chambellan du roi ; Mathieu [de Montmorency] conné-
table.

Ce n'est pas sans une certaine émotion que l'on étudie ce
document et ce sceau d'un des hommes les plus remarquables
qui aient illustré l'armée, la Cour et l'Eglise.

IX. — 1254 Janvier.

Chirographe par lequel Jean de Paris, chanoine et official de
Soissons, confirme la vente que Geoffroy dit « Fremons »[2] de
Ressons le lonc »[3] et Marguerite, sa femme, font à Chaalis de
quatre muids et huit mines de froment qu'ils percevaient entre
Besicourt[4] et « Estréis » et entre la Motte [d'Ancourt] et la
grange de « Trembloi » lesquels mouvaient du fief de « Rogon
de Franssières » chevalier.

Sceau de l'official de Soissons : un portique ou façade « dont
« le toit est ajouré en trèfle » et la porte ornée d'une fleur de
lys. Au dessous SVESSIO et autour la légende en vers léonin :
VRBS HT [habet] HEC VERE POST REMIS PRIMA
SEDERE.[5] Le contre-sceau montre une réduction du portique
de la face avec la légende SVESSIO.

X. — 1260. Mars.

Echange concernant Le Tremblay, fait entre Chaalis et
Hugues Mulez.

---

[1] L'Inventaire des Sceaux de Douet d'Arcq signale au n° 6856 un sceau
du chancelier semblable avec SIGILL. GARINI SILVANECTENSIS EPI,
1220. Le savant sigillographe mentionne un autre contre-scel de 1215 sic,
« une femme nue ailée étend les mains séparément sur un globe reposant
« sur deux pieds. »

[2] Parmi les bourgeois de Senlis nous trouvons en 1268, « Fromond dit
Lengeliers, marié à Sanctissime » (Aff. XVIII 552).

[3] Ressons sur le Matz, chef-lieu de canton (Aff. XVIII 286).

[4] Bazicourt, canton de Liancourt.

[5] Voir Douet d'Arcq. Invent. des Sceaux n° 7026 à la date de 1243.

La charte mentionne, outre Hugues dit Muléz, de Sacy-le-Petit,[1] Aelydys de Villers, sa femme; Garnier Flamenc, de Fresnol[2] chevalier et Rufin, son frère; Rogon de Fransières chevalier; Robert dit Ruele[3] chevalier; — une terre contigue au chemin « Kimino » de Saint-Quentin entre Belincort[4] et la Grange de « Trembloi » dite « couture [culture] de grant treu » etc; mesure de Clermont.

Charmante écriture. Nos pays excellaient à cette grande époque en tous les arts : architecture, sculpture, dessin des pierres tombales, décoration polychrome, etc.

Deux sceaux pendants. L'un, rond, suspendu à un cordonnet rouge, porte autour d'une étoile à six pointes : ✠ S. HVES. MVLES. L'autre oblong, suspendu à un cordonnet vert, laisse lire autour d'une fleur de lys ; ✠ S : AALIS : DE : VILLERS : (*Voir Pl. Fig. 3 et 4.*)

XI. — 1262. *Mai.*

Confirmation de la charte de 1260..... Aelidis........ Mêmes sceaux, attachés tous les deux à des cordonnets rouges.

XII. — 1263. *Mars.*

Jean [de la Croix], abbé de Compiègne, salut. Nous confirmons l'abandon que « Gilo, chevalier et notre maire, et Jean, notre doyen de Sacy-le-Petit » font à l'abbaye de Chaalis de ce qu'ils pouvaient avoir de champart et de dime au territoire de Sacy-le-Petit, « en raison de leurs sergenteries, ratione serianteriarum suarum »

Des deux sceaux pendants, un seul est demeuré. C'est un

---

[1] L'*Hist. du Canton de Clermont* par MM. Debauvé et Roussel cite, en 1228, Philippe Mulet, seigneur de Sacy etc. Voir *Addenda.*

[2] Grand Fresnol. Nous trouvons dans un État de la noblesse Senlisienne de 1200 environ : « Isti sunt milites de Castellania Silvanecti sub « Philippo Francorum rege : Buticularius Silvanectensis, Flamanius de « Frenoe..., Amalricus de Villers, guido de Soslaco etc. » Douet d'Arc mentionne n° 2243 Pierre de Fresnoy (1266) lequel portait « un sautoir « brisé d'un lambel de cinq pendants. »

[3] Rieul?

[4] Blaincourt, 1274, Guillaume de Belaincourt. écuyer (Aff. XVI 151); Belaincourt (Id. XVIII 286). — 1505, Aveu du fief de la tour de Blaincourt (Aff. XXIII. 135. 145).

sceau oblong, 0 m. 055 de h., représentant sur un champ de fleurs de lys et d'étoiles, un abbé tenant d'une main un livre qu'il appuie sur sa poitrine, de l'autre une crosse tournée en dehors avec cette légende : ✠ S. IOHIS ABBATIS [COMPEN]DIENS. L'avers montre deux têtes mitrées que sépare une fleur de lys et cerne cette légende : ✠ S. CORNELIUS. S. CYPRIANUS.[1]

L'autre scel était celui du maire : « In cujus rei testimonium « et munimentum nos ad petitionem dicti majoris sigillum « habentis et prefati decani sigillum non habentis, sigillum « nostrum una cum sigillo dicti maioris presentibus litteris « duximus apponendum. »

XIII. — 1263. Avril.

Charte par laquelle l'official de Senlis confirme l'approbation que Agnès, femme de Gilo de Sacy-le-Petit, accorde à la cession suprà.

Le sceau pendant de l'official représente une S majuscule dont l'enroulement supporte sur quatre lignes : SIL VA NE OTIS avec cette légende : ✠ S. CVRIE SILVANECTENSIS. Au contrescel une S majuscule avec un sigle en barre et autour: ✠ NOTA DIEI. (Voir Pl. Fig. 5 et 6.)

XIV. — 1266 Avril.

Charte par laquelle l'official de Senlis confirme la vente que Michael Bourdis de Fresnoi «de Fresneio» et Beatrix «Bealtridis» sa femme, ont faite à Chaalis. Il y est parlé de « la Borde du Tremblay, » de la verge « virga » de Compiègne.

Sceau comme supra XIII.

XV. — 1270. Avril.

Charte par laquelle «Guillaumes[2] chevaliers sires de Mont es-pilloer[3] diz Bouteliers et Johanne sa fame » approuvent un échange que l'abbaye de Chaalis a faite avec « Clers de Baerne[4]

---

[1] Voir Douet d'Arcq n°° 8206 et 8861 : Sceaux de l'abbaye de Compiègne.

[2] Fils de Raoul I°° et de Marguerite de Milly. Voir Duchesne édité par M. Sandret : Histoire des Bouteillers de Senlis.

[3] Montépilloy est assez connu pour ses nobles ruines des XIII° et XIV° Siècles.

[4] Boesne. Deux chartes de 1180, l'une de Gui III le Bouteiller, l'autre, de Henri, évêque de Senlis (Aff. XIII 303 ; XIV 626 et 633) mentionnent « in territorio, montis espillor et totam terram de Baernç. » En 1274, Pierre, dit Cocherel, chevalier, et Adeline sa femme, « de Baerna »

« dit de Barberi [1] » et Marguerite, sa femme.

Cette charte laquelle est en français, est intéressante au point de vue de la linguistique. L'on y remarquera les noms de « Pierre de la Porte [2] » bourgeois de Senlis ; l'orthographe : « Typhaine de Mouleignon [3] » ; les lieux-dits : « Champ-Guiart vers Foucherai la grange l'abbé ; [4] » en plus, des expressions qui rappellent les chartes en *roumanz* du *cartulaire enchaîné de l'Hôtel de Ville de Senlis*.

Aussi, je crois devoir la donner ici in-extenso :

« Ge Guillaumes cheualiers sires de Mont espilloer diz bou-
« teliers et Iohanne ma fame. Fesons a sauoir a touz ceus qui
« ces lettres Verront que clers de baerne [5] diz de barberi et Mar-
« guerite sa fame requenurent par devant nous. que comme il
« eussent. un arpent et demi de terre gaignable [6] vers foucherai
« la grange labbe et le couvent de chaaliz de lorde de cistiaus.
« au liu qui est diz champ guiart entre les terres labbe et le
« couvent devant diz de une part et la terre pierre de la porte
« bourgois de Senliz de autre part. et il eussent a fontaines
« une hostise tenant a la ruelle dou moulin. Cest a sauoir la
« masure Iehan postel entre la ruelle deuant dite. et la masure
« Adam godriche. et li abbes et li couvenz de Chaaliz eussent
« a fontaines une autre masure la quele tiennent de cel abbe et

---

vendent à Gauthier de Launoy des terres « au Mesnil madame Rance » (ibid. XVI 175). En 1299 Guy le Bouteiller et Jacqueline de Choisy sa femme donnent à Chaalis 23 arpents de terre « situés au tertre de Baerne à Montespilloir » (ibid 833).

[1] Cette famille de Barbery nous a laissé quelque noms : 1284, Jean, fils de Clerc de Baerne, dit de Barbery — 1287. Pierre « de Barberia » — 1300. Philippe, écuyer, frère de feu Geoffroy le Bouteiller, archidiacre de Beauvais, de Sens et de Soissons, — 1308. Jean et Pierre, écuyers, fils de Philippe. (Aff. XVII 41, 426, 456 et 522.)

[2] 1273, 1276. Jean de la Porte (Aff. XVI. 92, 133) — 1273 Thomas (ibid. 114) — 1306. Rénier de Senlis, dit de la Porte, échanson de Philippe-le-Bel. (ibid. XVII. 268). Voir un Jean de la Porte *Inscrip. de la France* T. I. p. 683, Cf. *Monographie de Senlis*.

[3] Montléognon, Montlognon, canton de Nanteuil.

[4] Fourcheray, ferme dont il est resté des bâtiments encore importants du XIII° Siècle : porte charretière et poterne fortifiées ; grange etc., non loin de Montepilloy et de Borest.

[5] Boesne.

[6] Rapportant du bénéfice.

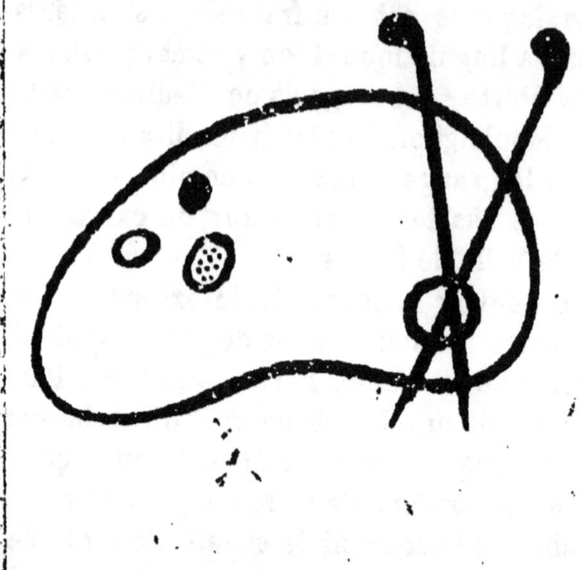

Original en couleur

NF Z 43-120-8

RELIURE SERREE
Absence de marges
intérieures

FIG. 1.

FIG. 2.

SCEAU DU CHANCELIER GUÉRI
(Voir p. 11.)

FIG. 5.

FIG. 6.

FIG. 3.

FIG. 4.

FIG. 7.

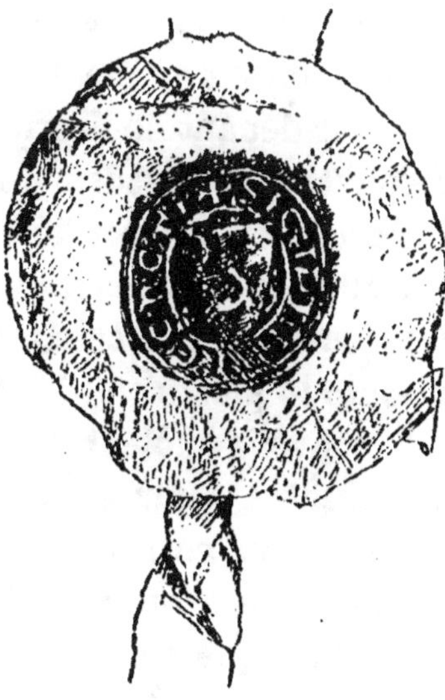

FIG. 8.

« couvent. Marie la morelle [1] et Herbert de borrez pour ses
« enfanz. et typhaine de Mouleignon. pour les siens enfanz. Et
« est assise cele masure joignant au courtil de celui cler et
« Marguerite au chief de fontaines de une part. et a la masure
« aaliz la quentoise [2] qui est hostesse a celui cler et Margue-
« rite de autre part. Isil clers et marguerite affermerent en
« nostre presence establiz que il avoient eschangie et par devant
« nous eschangierent et baillierent par eschange. et quittierent
« a touziourz sanz riens retenir des ores mes en auant a labbe et
« au couvent de chaaliz et a leur esglise et a touz ceus qui de
« par eus l auront cause. la masure Iehan postel devant dite. ensi
« comme ele se comporte en lonc et en le [3] O [4] tout le cens et
« les chapons. et les corvees. et les ventes. et les reuerteures
« et toutes les autres redevances que cele masure leur devoit.
« et O toute la joutice et droiture et seignourie. et O. quanque [5] il
« avoient et pouaient avoir cil clers et Marguerite en cele
« masure Iehan postel. Et de la piece de terre en champ guiart.
« le remennant empres demi arpent car celui demi arpent ont
« il baillie et rendu a labbe et au couvent devant diz. au quieus
« il le devaient pour parfere un autre eschange que il avoient
« fait a cel abbe et couvent. Et pour icetui eschange de la ma-
« sure Iehan postel et de larpent de terre en champ guiart.
« requenurent cil clers et marguerite que il avoient pris et receu
« et par devant nous pritrent et receurent a gre de labbe et dou
« couvent la masure devant dite. la quele tienent marie la
« morelle et herbert de borrez. typhaine de mouleignon. Cest
« a dire tout le cens les ventes et revesteures et toutes les autres
« redevances que cele masure devoit a labbe et au couvent, et
« toute la joustice et la droiture et la seignourie que li abbes et
« li couvenz avoient en cele masure. Et cest eschange pro-
« mitrent a tenir et a garder fermemant a touziourz. par la
« foi de leur cors clers et marguerite par devant nous. et que
« des ore en avant rien ne reclameront par eus ne par autrui.
« par queuque reson que ce soit es choses devant dites eschan-

[1] Noire.
[2] Chanteuse (?).
[3] Large.
[4] Avec.
[5] Autant que.

« giees a labbe et au couvent. Cest a savoir en la terre de
« champ guiart et en la masure Iehan postel ne es apartenances.
« Ainz les garandiront par tout au devant dit abbe et couvent
« aus us et au coustumes de france. Et a ce obligierent cil clers
« et marguerite eus et leurs hoirs et touz leurs biens muebles
« et heritages. Et renuncierent a exception de tricherie et que
« il ne puissent dire que il aient este en ce fait engignie[1] ne
« deceu en tout ou en partie. ou outre la moitie de la droite
« valeur. ne de rien envelope et a toutes autres exceptions.
« de droit et de fait. de establissemant et de coustume et a
« toutes les resons par les queles il peussent ou autre pour eus
« aler contre cest eschange ou contre ceste chartre. ou contre rien
« des convenances et des choses qui en ceste chartre sunt escri-
« tes et contenues. Et Nous Guillaumes et Iohanne de cui fie
« mouvoient ces choses que clers et Marguerite ont bailliees a
« labbe et au couvent par eschange voulons et otroions et con-
« fermons cest eschange et quittons a labbe et au couvent le fie
« des choses que il ont receues en cest eschange. et otroions que
« il tiegnent en main morte pardurablement en la forme desus
« dite. le morsiau de terre de champ guiart et la masure Iehan
« postel o toutes le apartenances. Mes nostre fie et toute la droi-
« ture que nous avons en la masure Iehan postel et en la terre de
« champ guiart nous retenons par le gre de cler et Marguerite.
« Et par le gre labbe et le couvent devant diz seur les choses
« que li abbes et li couvenz ont bailliees a cler et a Marguerite
« et prometons a labbe et au couvent garandir les choses que
« clers et Marguerite leur ont bailliees contre touz fors contre
« le roi. comme sires de qui eles mouvaient. En seurte et fer-
« mete de la quele chose nous auons scellees ces lettres pré-
« sentes de nos deus seaus. Ce fut fait en lan de lincarnation
« nostre Seigneur Ihesu crist. Mil. et deus cenz et soixante.
« et dis. ou mois de. Avril.

Des deux sceaux, un seul est demeuré. Il représente un écu
portant six gerbes brisé d'un lambel de cinq pendants
et autour cette légende : ✠ SIG...] VILL'I BOTVC[VLARII
DNI DE MO]NTESPILGLOAIR MILIT. Le contre-

---

[1] Embarrassé, de *engins*.

sceau montre un petit écu à (?) trois gerbes, avec ✠ SIGILL' A SECRETIS. J'insisterai sur ce sceau qui a pour Senlis une importance particulière à cause de l'influence considérable que la très noble famille des Bouteillers a exercée par sa fortune et ses relations sur l'esprit, les mœurs et l'art de nos pays aux XIII° et XIV° Siècles. (Voir Pl. Fig. 7 et 8).

Voici une indication par ordre de dates, des plus anciens sceaux que nous connaissions des Bouteiller. Elle aidera à compléter l'*Histoire des Bouteillers* d'André du Chesne, laquelle présente, pour ce chapitre des sceaux, quelques lacunes.

1131. — « Guillaume de Senlis, » dit le savant historiographe, « mist sur le champ de gueulle de ses armes, cinq *couppes* d'or « en figure de croix, retenues depuis par ses descendans « Bouteillers de France et ensuite par les aisnez seigneurs de « Chantilly, au lieu des anciennes armes de la maison de Senlis, « escartelees d'or et de gueulle, lesquelles ils laisserent a leurs « puisnez qui les ont portées jusques a présent. »

1226. — Les *Layettes du Trésor des chartes*, citant[1] Guillaume fils de Nivelon et héritier par son père, de la terre de Brasseuse que Guillaume II le Loup avait possédée (avant 1200), disent que Guillaume portait sur un écu brisé d'un lambel de 6 pendants, 3 *gerbes*.

1234. — Douet d'Arcq mentionne un sceau de « 3 gerbes 2 et 1, « brisées d'un lambel de 4 pendants ✠ SIGILLVM GUILLERM. PISCRNE.

1234. — Le même signale à la même date des armoiries différentes : « Le bouclier, dit-il, porte pour armes 15 gerbes et « une croix brisée d'un lambel de 5 pendants SI... ERMI « PINCERNA ∴ Sur cette légende, la croix initiale est remplacée « cée par le fanon du casque. Les mots y sont ponctués... L'écu « qui se montre de face, couvre toute la partie supérieure du « corps. Pas de légende. » Les gerbes, » ajoute Douet d'Arcq, « sont les armes des Bouteilliers. »

1266. — M. Demay a donné à cette date les trois gerbes. Mon excellent confrère, M. Amédée Margry, possède un sceau du

---

même type qu'il a publié dans le *Bulletin* de notre *Comité archéologique*.

1273. — La collection que le Docteur Voillemier à laissée en partie à son petit fils, M. Francis Tattegrain a fourni à ma curiosité un sceau de Raoul le Bouteillier (c'est Raoul II, seigneur d'Ermenonville, Montépilloy etc) lequel montre un chevalier en tenue de bataille, portant six gerbes sur son bouclier et un semis de gerbes sur la housse de son cheval avec cette légende : ✠ S'RADVL‖HI . BVTI‖‖LA‖‖ ‖‖ILVANEOT MILITIS. Au contrescel, la légende semi-effacée : ✠ SECRET‖RAD BVTIOVLA‖SILVAN MILIT· entoure un écu semblable.[1]

Un mauvais, mais consciencieux dessin de Desmaretz, sigillographe, d'une famille senlisienne, représente ainsi le sceau de Gui le Bouteiller : un cavalier en costume de combat dont le bouclier en cœur porte six gerbes en croix, et dont le cheval est couvert d'une housse semée de gerbes, avec ce reste de légende :... ONIS...M... au contrescel le bouclier supra avec ✠ S‖‖GVIDONIS MIL‖‖‖

XVI. — 1271 Janvier.

Charte de Gui, abbé de S. Symphorien,[2] terminant un différend avec l'abbaye de Chaalis et son prieur de S. Martin Longueau.[3]

Deux sceaux pendants : celui de gauche montre un abbé debout, vue de face, vêtu d'une aube et d'une chasuble relevée, soutenant un livre de la main gauche et tenant une crosse tournée en dedans, de l'autre, avec cette légende : ✠ S'GVIDONIS . ABBIS S SYMPHI. BELVAC. Au contresceau, une main ou dextrochère portant la crosse de même, avec SIGILL AD CAVSAS.

L'autre, à demi-brisé, appartient au chapitre de S. Symphorien, L'on y découvre un personnage debout, soutenant un livre des deux mains, escorté à gauche d'une clef, à droite d'une fleur de lys avec ce reste de légende :..... LL'

---

[1] Voir Aff. XVI, 22, 30, 35, 135, 175, qui témoigne sur les déchiffrements de ces sceaux de plus d'une hésitation : « six coupes ou gerbes » dit-il.

[2] S. Symphorien, abbaye bénédictine fondée en 1035 par Dreux évêque de Beauvais sur la montagne dite des Anges, voisine de Beauvais,

[3] S. Martin « de longa aqua » Canton de Liancourt.

OAPITLʹI Sʹ SYM▦▦. Contresceau semblable à celui du sceau voisin.

XVII. — 1274, *Octobre.*

Charte par laquelle Ansold de Fayel,[1] dit Rekignart,[2] chevalier, et Jeanne sa femme, fille de défunt Renaud de Chiverières[3] (Chevrières) écuyer, vendent à l'abbaye de Chaalis, huit mines de blé et deux d'avoine de revenu annuel, qu'ils percevaient « selon l'ancienne mesure de Compiègne sur la grange du Trembloi. »

Celui des sceaux pendants en cire verte qui est demeuré, porte sur un écusson que cerne cette légende : ✠ Sʹ ANSOUT: DE FAIEL. REGINNART MILIT, au sautoir cantonné de 4 merlettes et brisé d'un lambel de 5 pendants mouvant du chef.[4]

XVIII. — 1277, *Février.*

Charte par laquelle Pierre écuyer, seigneur de Séchelles[5] et fils de défunt Pierre de Séchelles, chevalier, vend à l'abbaye de Chaalis deux muids de blé et dix huit mines d'avoine, mesure de Compiègne, de rente annuelle qu'il prenait sur la grange du Trembloi, mouvante en moitié du fief de Ansold de Fayel, chevalier.

Sceau petit et rond où une étoile à six rayons avec cette légende : ✠ *Sʹ Pierre de Secheles escuier.* Sʹ PIERRE.

XIX. — 1277, *Février.*

Charte par laquelle Ansold de Fayel et Ansold dit Rekignart chevalier confirment la vente supra XVII.

Deux sceaux semblables mais non identiques, portant les

---

[1] Ansold de Fayel est dit neveu de Pierre de Fayel, écuyer.

[2] Quel est le sens de ce surnom qui apparait dès 1227 dans cette famille ?

[3] L'abbaye de St-Symphorien avait en 1182 une partie des dîmes « ad Civerias » Louvet T. I p. 550 et suiv. II p. 168, 267, 347

[4] Aff. T. XVI 150 et 440 en 1284 décrit exactement ce sceau. Ansould Réquignart, dit Peigné Delacourt « porte d'argent a la quintefeuille de « gueule entourée de 8 merlettes de même et à la bordure de sable. »

[5] Séchelles dépendance de Cuvilly, canton de Ressons-sur-Matz. Dans l'Histoire d'Ourscamp (p. 263 et PL. N, 148 et 148 bis) M. Peigné-Delacourt a mis par erreur : « Pierre de Vichelles. » Grange d'Arsonval « Ansould de Flaiel Reginart etc. » Il faut corriger ce texte trop défectueux et lire : Ansout de Fayel, Séchelles, Heronval.

armes indiquées supra XVII avec les légendes : ✠ S'ANSOVT DE FAIEL MILITIS, et S' ANSOVT DE FAIEL REG‖‖IS contre sceau nul.

XX. — 1277.

Charte d'amortissement donnée par Robert comte de Clermont [1] au sujet de la vente Pierre de Séchelles suprà.

Voici la teneur totale de cette charte laquelle est en français.

« Nous Robert fiz le Roy de france Cuens de Clermont fesons
« savoir a touz ceus qui ces presentes lettres verront que dues
« muis de ble et dis vuit minnes de avoine a la mesure de Compigne
« que pierres de Molaines [2] chevaliers, ma dame Isabiau sa
« fame et pierres de Secelles escuiers fiz de la devant dite dame
« avoient de rante chacun an la granche du tranblai qui est a
« labbe et au covant de Chaliz si comme li diz chevaliers nous a
« dit et aferme les quex dues muis de ble et diswit mines de
« avoine a la mesure de Compigne li devant diz chevaliers et
« la dite dame et Pierres ses fiz ont vendu done et otrei por
« cent et diz lib' par si comme li devant diz chevaliers nous a
« dit a labbe et au covant de Chaliz devant diz. Nous la dite
« vente agraons, volons, otreious et amortissons de tant
« comme a nous apartient sauve le droit de autrui. Et en
« témoign' de ceste chose nous avons ces lettres seelees de
« nre seel. Ce fu fait en lan de lincarnacion nre Segneur mil.
« cc. sessante dis et set. »

XXI. — 1277, *Février.*

Vidimus de Philippe (le Hardi), roi de France, de la charte d'amortissement suprà XVIII.

Sceau de Philippe III suspendu à des lacs de soie rouge et vert. Contrescceau avec le semis de fleurs de lys.

---

[1] Robert, 6ᵉ fils de S. Louis, lequel reçut en apanage le comté de Clermont.

[2] Pierre de Mollaines. Voir XVIII. XXII. Loisel indique parmi les chapelles de l'église S. Sauveur de Beauvais, celle du « Seigneur de Mollaines » (Hist. du pays de Beauvaisis T. I p. 46). En 1289, Pierre de Mollaines chevalier seigneur de Remongles promet au nom de Marguerite de Coudun, « non ayant l'âge légitime etc » (Aff. XVI p. 323).

XXII. — 1277, *Février*.

Charte de Ysabelle de Remougies [1] femme de Pierre de Molleines chevalier et veuve de Pierre de Séchelles chevalier, par laquelle elle abandonne à l'abbaye de Chaalis les cens que son fils Pierre de Séchelles, escuyer, touchait dans la grange du Trembloi : « Trembleium. »

Le sceau ovale montre un chevalier en tenue de bataille : Cotte d'armes ; heaume ; épée élevée et écu portant les armes des Molleines : une bande accompagnée de six merlettes avec la légende SIGILLVM PETRI DE MOL [LEINES] MILITIS,[2] comme Gaignières l'a dessiné et Douet d'Arc l'indique.

L'autre sceau porte une dame coiffée et vêtue à la façon de l'époque : chapel, guimpe laissant voir derrière les oreilles une résille gonflée de cheveux, long surcot, manteau de fourrure ; et escortée de deux écussons, à sa droite, l'écusson des Molleines et à sa gauche, l'écusson des Remongies, à une bande. Autour cette légende : ✠ S: ISABELLIS : DOMINE : DE : REM‖‖‖IS.

XXIII. — 1280, *Juillet*.

Charte d'Eudes de Fayel et de Jeanne sa femme, fille de Dreux Dabeleges [3] par laquelle ils vendent à l'abbaye de Chaalis trois muids de blé, mesure de Clermont de cens annuel que l'abbaye devait leur servir dans la grange du Trembloi « tranbleium » mouvants directement du fief de Baudouin de Sorel [4] écuier etc. etc.

---

[1] Remaugie, (canton de Montdidier, Somme). Isabelle de Remongies est citée dans l'*Hist. d'Ourscamp* (p. 223, 267 et PL. N 147 et 147 bis en 1277) : « Isabelle de Remougeries ou Remorgies, femme de Pierre de Mollenies ou Molesmes, veuve de Pierre de Vichelles ou Séchelles » On voit de nouveau avec quelle réserve il faut user des lectures de M. Peigné-Delacourt.

[2] Douet d'Arcq mentionne n° 2857 à la date de 1280 « Nicolas de Mollaines. Ecu a la bande accompagnée de six merlettes, 3 en chef et 3 en pointe ✠ S. CHOLART DE MOLAINES. » La fille de ce Colart, que M. de Caix de S. Aymour dit « chatelain de Beauvais » fut la première femme de Pierre II, surnommé le Hutin (*Les châtelains de Beauvais*, dans le *Bulletin du Comité de l'Oise*, année 1888).

[3] Dabeleges, est-ce Ableiges dans l'arrondissement de Pontoise ?

[4] Sorel château et hameau dépendant d'Orvillers Sorel, canton de Ressons-sur-Matz. Baudouin de Sorel est cité par Afforty t. XVI,

Deux sceaux : Le premier est le sceau de Fayel, au sautoir cantonné de 4 merlettes et lambel de 4 pendants[1] brochan : ✠ S. ODO DE FAYEL CHEVALIER. L'autre, une croix cantonnée de 4 merlettes avec la légende : ✠ S. IEHANNE DE FAYEL.

XXIV. — 1281, *Février.*

Voici le sommaire de la charte tel qu'il est au dos de l'instrument : « Excambium quod debint fieri inter nos (abbaye de « Chaalis) et dominum droconem de balegny[2] militem »

Cette charte est en français. En voici quelques extraits :

« Nous Robers fuis le Roi de France et Cuens de Clermont
« fesons savoir a touz ceus qui ces presentes lettres verront
« que comme me sires Dreues de balegni chevaliers et Madame
« Jehanne sa fame aient baillie par eschange a hommes
« Religieus a labbe et au couvent de chaalit de l'ordre de
« cystiaus et a lor esglise unze pieces de terre gaaingnable que
« li dis chevaliers et sa fame avoient au terrouir de la mote
« aveques tout le droit la iustice et la seigneurie et quanque
« [qûque] plus i avoient et pooient avoir sanz riens retenir
« a eus ne a lor hoirs........ [terres qu'ils ont bailliées]
« franches et délivres de cenz, de deme, et de champart,
« et d'autre coustume [à savoir] une piece de bois qu'ils avoient
« assize en ce dit terrouir que lon apele le bos de lihus si come
« il se comporte de toutes parties ce est le fons et la despuelle,
« la iustice haute et basse et toute la seingnourie et se plus
« i avoient ou pooient avoir et lor aient baillie franc et quitte
« de gruage, de pasture et de tout autre usage fors que de
« chace. »

---

[1] p. 323, 325, qui nous dit : « ecuyer portait un écu à la fasce de....[illegible] « chargé de trois besans, tourteaux ou anneaux avec cette légende : « ✠ S. Baudeoin de Sorel.

[2] Remarquer la différence du nombre des pendants aux lambels.

[illegible] Balagny-sur-Aunette, canton de Senlis. L'on trouvera dans ma *Monographie de Senlis*, dans les *Mémoires du Comité de Senlis*, année 1879 p. 231 etc. les Balagni : 1174 Guillaume de Balagni (Cartul. de St-Christophe), 1318... dame Hersende de.... veuve de Rogier de....; 1333 Guillaume de..., archidiacre de N.D. de Senlis; Huguès de...., trouvère; 1379 Guillaume de...; 1447 les Mallet, seigneurs de.

XXV. — 1281, Février.

Charte par laquelle « Jehans de Fransières chevaliers confirme « l'eschange supra XXV, fait entre sires dreues de balengni « et le couvent de Chaalit »

L'extrait suivant aidera à connaître le style et l'orthographe de nos pays à la fin du XIII° siècle.

« Jehans de Fransières chevaliers fas savoir a touz ceus… que « mé sires dreues de Balengni et ma dame Jehanne sa fame ont « baillie par eschange a hommes religieus, a labbe et au « couvent de Chaalit de l'ordre des Cystiaus…. unze pieces de « terre gaaingnables… pour lor quemin pourfit.. et sont tenu.. aus « dis religieus… de garandir les terres et les bois… en la fourme « de suz dite por quatre cenz et cinquante livres de paris « la [déja] receus: en deniers contez si comme il dient. Pour « laquel chose, Je Jehans de Fransieres devant diz dé qui « muevent en fie les choses desuz dites, appreuve, veilg et « otroi leschange et la vente devant dite…. et quitte aus diz « Religieux…. sanz riens retenir a moi ne a mes oirs tout le « droit la seignourie et la iustice et qanque ie avoie…. »

XXVI. — 1284, Février.

Charte de Philippe roi de France par laquelle il confirme la vente que Pierre de Fayel écuier a faite à maître Reginald recteur de l'église de Rumégnie[1] laquelle appartenait à

---

[1] Rumegn, les Ruminées hameau dépendant de Longueil-Ste-Marie, canton d'Estrées-St-Denis. Citons 1246: Hugues de Rumigny (Douet d'Arcq n° 3486) — 1274, 1276, 1283, 1285: Renaud de Grémévilliers « de Gremevillari », curé de Rumigny « de Rumigniaco » donne à Châalis le bois de Favières « de faveriis » à côté d'Epineuse « pour acheter les « amandes avec lesquelles on assaisonne chacun des jours du carême le « gruau [gruellum] du dit couvent » (Aff. XVI. 162. 203. 394. 437. 463) — 1283: Dans le « rétablissement d'un prisonnier pris par les sergents et « officiers du comte de Clermont dans la chapelle du Tremblay, » Philippe de Beaumanoir reçoit les dépositions de « Dam [dom] Jehan « de Rumigni, Rogiers prestres [curé] de Belaincourt, Johan prestres de « Sachi le Petit, Estenes prestres de Molenviler, Fremins prestres de « Solsy, Richard prestres de Avregni (Aff. XVI. 410.) — 1426: Robert seigneur de Rumegny (Aff. XX. 749).

Chaalis, de cinq muids et demi d'avoine de cens annuel que Pierre percevait sur les hostises de Jonquières. [1]

Sceau royal.

XXVII. — 1292, *Février.*

Echange entre Symon de Choisi chevalier et dame Lore sa femme et l'abbaye de Chaalis.

Belle charte en français « Je Symons de Soysi, chevaliers,
« sires de Soysi et dame Lore, ma fame, fesons assavoir.... que
« pour eschiver touz plez [plaids] et touz contens [contentions]
« qui pouent mouvoir et estoient ia meu en partie entre nous et
« Religieus homes l'abbe et le couvent de leglyse de Chaalis.... et
« par le conseil de nobles chevaliers et sages Monseigneurs
« Guy de Nantueil[2] seigneur de Nerys et monseigneur
« Symon de Erquery[3] li diz abbes et couvens nous ont quitte
« rendu et delivre et nous en tenons pour agree, desorendroit
« a touz iours mes toute.... la moutoyrie de la borde [maison] de
« trembloy et.... siet entre lonque yane et bleyncourt »

L'on trouvera encore dans cet instrument: « Dreue de balegny
« chevaliers, » le chemin des croisiés; en grand treu; la fosse Lambert; le buyssons Robin le gros.

Deux sceaux pendants: l'un autour d'un écu en cœur porte :.... ✠ S' SIMON ‖‖‖ CHEVALIER; l'autre montre une femme vêtue d'une robe longue, d'une guimpe et d'un surcot de fourrure, coiffée d'un voile et d'un chapel, tenant l'attache de son manteau de la droite, et un oiseau de vol de l'autre ; a-t-elle un gant fauconnier ? légende douteuse: S DE DAMOIS LORE.

XXVIII. — 1292, *Mars.*

Lettres d'amortissement. Voici d'après le Trésorier du Chaalis l'objet de cette charte: « De Philippe [le Bel], roi
« de France touchant la confirmation de l'échange que nous

---

[1] Junquières, Jonquières canton d'Estrées-St-Denis. L'abbé Gordière mentionne : « en 1227 M. de Junkieres doyen de chrétienté de l'évêque « de Beauvais » et l'*Histoire d'Ourscamp* en 1272 Philippe de « Jonquières, « frère de Perron ou Pierre de Remin qui fut bailli de Monseigneur le « chatelain de Noyon et de Thourotte (p. 221 et Pl. M. 138).

[2] Sur ces illustres Seigneurs de Nantheuil-le-Haudouin, chef-lieu de canton, Néry, canton de Crépy (Oise), voir Afforty, Carlier, Simon, etc.

[3] Erquery, canton de Clermont (Oise) et Simon de Erquery eut pour fils Jacques dit Herpin, sire d'Erquery et de Chantilly.

« avons fait avec Simon de Soisy, etc. La Collation [compa-
« raison avec la pièce Suprà] a été faite par moi N. de
« Longpre.¹ »

Belle écriture « Sceau royal » PHILIPPES DEI GR...
FRANCORVM REX.

XXIX. — 1299, Septembre.

Charte par laquelle Pierre, abbé de S. Corneille de
Compiègne, fait échange avec le couvent de Chaalis, de 28
mines environ de terres situées à côté du « Tremblel, » au
territoire du Fay, dans la terre qui est dite *de la mannorre*
« mannorri » et tenant d'un côté à la terre de la léproserie
de Fresnoy.

Deux sceaux pendants. Le premier, à gauche, plus petit,
montre un abbé, mitré, vu de face, tenant la crosse de la main
droite, un livre de la gauche, accompagné d'un côté d'une
fleur de lys entre deux étoiles posées en pal et de l'autre d'une
étoile entre deux fleurs de lys posées semblablement, avec
cette légende : ✠ S. PETRI : ABBIS : ECCE : SCE MARIE
COMPEND. ²

Le contrescel porte dans deux cadres jumelles que termine
une sorte de clocheton ajouré et crucigère, deux têtes barbues
et mitrées. Autour, cette légende : ✠ S. SCOR CORNELI ET
CIPRIANI.

Sur l'autre sceau, la Vierge vêtue d'une robe longue à
manches serrées et d'un manteau ou surcot à manches courtes
et pendantes, couvrant sa tête sans nimbe d'un voile ouvert,
assise sur un siège carré, présente de la main droite un fleuron
en forme de bouton de rose ou de tulipe, tandis que le bras
gauche porte l'enfant Dieu, lequel est vêtu, tient une pomme
de la main gauche et bénit de la droite. Autour, la légende :
✠ SANCTE MARIE COMPENDIENSIS: ECCL'E: ET: SCORV.
Ce texte se continue au contre scel.

Au contre scel deux semi corps ou bustes mitrés et portant

---

l'un, S. Cyprien, la crosse, l'autre, une croix processionnelle avec ✠ CORNELII ET. CIPRIANI.[1]

Ces deux sceaux sont fort remarquables pour la grâce du dessin et le fini de l'exécution.

1512.

L'on me permettra de signaler à la suite de ce dépouillement « une Déclaration et Bail de la ferme du Tremblay. » Le parchemin où ils sont consignés, mesure 2 m. 20 de longueur sur 0,58 de large.

« A tous ceulx qui ces presentes lectres verront Jaques « Lagniel et Guy de Lorris tabellion jure gardes des sceaulx « establis de par le Roy nostre sire en la prevoste de Pont « Saincte Maxence salut. » Nobles hommes Jean Haste-maistre dhostel de l'abbe de St-Denys, Jean Trioullet etc. louent pour douze ans aux religieux de Chaalis « acceptans par « religieux et honneste personne frere Nicole de Châment, « ... procureur de Chaalis, la ferme de Trembloy, ainsi que elle « est mesuree et layee par Michel Quesnot mesureur jure pour « le roy nostre sire ou bailliage de Senlis » a savoir « 22 pieds « pour parche et cent parches pour arpent. »

Suit la nomenclature des pièces de terres qui amène ces indications: Cousture [culture] des Cuilliers; Flourines; Froieres; Marival; abbaye de Moivillers; « Sente qui maine « de Fresnoy a Sainct Julian; garenne de Villerceaulx; « terres que on dit appartenir a Christofle de Francieres « cappitaine de Remy. »

---

[1] Voir Douet D'arcq n° 8206: « fragment d'un sceau ogival de 0,83 mill. « Arch. de l'Emp. L 1628: la Vierge assise avec l'enfant Jésus ✠ S. « SANCT., ARIE CO... CCLE... ORY... La légende se poursuit au contre- « scel etc. 1284.

TABLE ALPHABÉTIQUE

E

F

G

H

J

L

M

N

O